LA FAMILLE DE LA TASTE

SON ORIGINE

SES BRANCHES & LEURS ALLIANCES

DOCUMENTS HISTORIQUES

Extrait de la lettre généalogique de M. de la Taste à ses enfants.

GRANDE IMPRIMERIE DE BLOIS
2, Rue Haute, 2
EMMANUEL RIVIÈRE, Ingénieur des Arts et Manufactures

1903

LA
FAMILLE DE LA TASTE

LA
FAMILLE DE LA TASTE

SON ORIGINE

SES BRANCHES & LEURS ALLIANCES

DOCUMENTS HISTORIQUES

Extrait de la lettre généalogique de M. de la Taste à ses enfants.

GRANDE IMPRIMERIE DE BLOIS
2, Rue Haute, 2
EMMANUEL RIVIÈRE, Ingénieur des Arts et Manufactures

1903

Trente-et-un exemplaires seulement ont été tirés. Chacun d'eux porte un numéro au-dessous duquel se trouve la signature de M. de la Taste.

N°

SOCIÉTÉ
DES
ARCHIVES HISTORIQUES
DU
DÉPARTEMENT
DE LA
GIRONDE

Bordeaux, 31 janvier 1903.

MONSIEUR ET HONORÉ COLLÈGUE,

Vous avez bien voulu, il y a longtemps déjà, me transmettre, pour être soumis à la Société des Archives historiques, le très intéressant travail que vous avez fait sur votre famille.

L'été, en dispersant nos collègues, empêcha que ne fût fait, aussitôt qu'il eût été souhaitable, le rapport sur cette œuvre méthodique et si fouillée qui constitue une véritable page d'histoire sociale. Ce rapport a été fait en termes élogieux, à notre séance de janvier, par notre collègue, M. Pierre Meller, et la Société a vivement apprécié l'œuvre elle-même.

En vous priant d'agréer aussi mes félicitations personnelles, je viens vous prier de me dire, pour éviter toute erreur, si c'est toujours à votre même adresse que je dois renvoyer le manuscrit.

Je profite de l'occasion, Monsieur et honoré Collègue, pour vous renouveler l'expression de mes sentiments les plus distingués.

Fr. HABASQUE,
Président de la Société.

Mes chers enfants,

Votre famille est originaire de la Guyenne, à l'époque féodale.

1305 — Dès le 13 mai 1305 on trouve Willème de la Tasta, prestre, assistant comme témoin avec Ramon d'Escapiau, prestre de Bénauges, au mariage de Pey de Lestatge, escuyer de la paroisse de Salbœuf, avec dona Contor de Jalès, mariée par son frère Raymond de Jalès, fils du Chevalier Arnaud de Jalès (*Archives historiques de la Gironde*, T. XV, p. 546). Cette présence au titre témoin semble indiquer, selon l'habitude, une parenté avec l'un des époux.

1356   Dans une sentence arbitrale du 19 décembre 1356, dona Contor de la Tasta est dite Molher de Pey Ayquem. Si M. Malvezin, lors de son dépôt en 1873 à l'Académie de Bordeaux de la généalogie de Michel Ayquem de Montaigne, eût pu connaître cette chose, alors inédite, plus tard découverte par M. Dast Le Vacher de Boisville, que Pey Ayquem avait été jurat de la ville de Bordeaux en 1358, et que le nom *de la Rosella* indiquait le nom d'une des trois rues du quartier habité à cette époque par la haute bourgeoisie, il eût, sans nul doute, placé Pey Ayquem en tête de la généalogie, comme étant l'ascendant le plus ancien connu du grand philosophe. Sa généalogie serait :

Pey AYQUEM, 1358
Jurat de la ville de Bordeaux,
marié avec Dona Contor de la Tasta,

d'où à partir de la généalogie déposée

Jehanne de GAUJAC, »

mariée en 2e noces avec N. AYQUEM,

d'où

Ramon AYQUEM, 1402-1478

marié à Isabeau de Ferraignes,

d'où

Grimon AYQUEM, 1450-1519

marié avec Jehanne du Fourn,

d'où

Pierre EYQUEM de MONTAIGNE, 1495-1548

marié à Antoinette de Louppes,

d'où

Michel EYQUEM de MONTAIGNE, 1533-1592

Le travail de M. Malvezin démontre sans réplique l'asc

dance de Pey Ayquem. En effet, Jehanne de Gaujac, mariée en 2ᵉ noces à l'AYQUEM *sans prénom relaté*, avait un frère qui s'appelait Ramon de GAUJAC. Celui-ci, lors de son mariage, se trouve avoir, parmi ses témoins (page 28 du travail), un *Galhard AYQUEM*, lequel en même temps est cité (page 28) comme héritier de Pey Ayquem DE LA ROSELLA. Mais ce témoin, de Ramon de Gaujac, *portant le nom* D'AYQUEM, ne peut être que son beau-frère, *le mari de* JEHANNE, dont le prénom, *ainsi divulgué*, est bien Galhard ; or ce Galhard, d'un autre côté, se trouve être un fils de Pey Ayquem, car dans la qualification d'héritier de la page 28, on ne peut voir, à cette époque, *qu'un fils*, et le plus souvent, le fils aîné. Il en résulte donc, sans aucun doute, que Pey AYQUEM, jurat de la ville de Bordeaux en 1358, père de Galhard Ayquem de Gaujac, dès lors grand-père de Ramon Ayquem, est bien réellement *un ascendant* du grand philosophe, Michel Eyquem de Montaigne ; les concordances [1] des époques, des noms, prénoms, des lieux, des hautes positions et des qualités citées viennent encore confirmer cette conclu-

---

[1] *Petite remarque.* — Le fils de Jehanne de Gaujac reçut le prénom de *son frère* à elle RAMON comme aussi peut-être son mari Galhard Ayquem, fils, lui, de dona Contor de la Tasta, avait reçu le prénom de GALHARD, porté par l'esquier de la Taste en 1363, son *oncle* peut-être, vivant à la même époque (1363). Quel *ensemble* de coïncidences étranges ? L'ascendance Pey Ayquem peut seule les expliquer.

sion, et même lui donner pour ainsi dire un caractère de vérité matérielle.

1340 Dominus Bertrandus de Tasta est prieur claustral de l'Abbaye de Sainte-Croix de Bordeaux.

1354 Mossen Bernard de la Tasta est prieur claustral de la même abbaye de Sainte-Croix dont l'obituaire mentionne l'obligation pour le prieur de faire célébrer son anniversaire pour le repos de son âme (*Arch. hist. de la Gironde*, T. 35, p. 2 et 9).

1363 Le 9ᵉ de juillet. Mossen le chevalier Guillem-Raymond de Las Tastas rend hommage dans l'église Saint-André de Bordeaux au Prince Noir, duc d'Aquitaine, sous le n° 37 de la liste avec les barons chevaliers et esquiers de la Guienne. Ce même jour, *Galhard* de la Taste, escuyer, rend hommage, même église, sous le n° 52 de la même liste (DELPIT, p. 89 et *table des matières*, p. 316.)

1390 Le bail du 13 janvier, passé à Tabanac (*Arch. dép. de la Gironde*) parlant des terres de Beaurech, mentionne Johan de La Tasta *Donzel* et dona Contor de La Tasta à la dernière ligne du bail, comme étant *les hers de Mossen Guilfa Ramon de Las Tastas*, évidemment le chevalier qui a rendu hommage le 9° juillet 1363 au Prince Noir sous le n° 37 de la liste donnée par Delpit.

1433 — Guiraud de la Tasta *Donzel* loue les *mêmes* terres, comprises dans le bail de 1390, à Blanqua Pelleter, Molher de Ramon de la Grava (*Reconnaissance du 8 août 1433, Arch. dép. de la Gironde*). C'est donc la *même* famille.

1491 — Procuration à Cappian du 22 avril 1491 de Jehan de La Taste, escudey, à son notaire Loys Renou pour la gestion de ses biens (*Arch. départ. de la Gironde*).

Entre 1550 et 1554 — Etude de M° Lorry, notaire et tabellion de la cité de Bordeaux, acte de vente, par Arnaud de La Taste, écuyer, de la maison noble, vulgairement appelée de La Taste, autrement Calhau et Faulcon [1], scize et située en la paroisse de Beaurech [2], Prévosté Royale d'entre deux mers, donnant droit de ban et de sépulture dans l'église de Beaurech avec droits seigneuriaux sur les paroisses de *Beaurech, Tavenac,*

---

[1] Ecrit de La Taste à la 16° page de l'acte de vente.
[2] Cette maison noble de Beaurech prit successivement le nom de ses seigneurs : Calhau, Faucon ; ceux-ci furent sans doute, avant les de La Taste, propriétaires de Baurech aux époques où les Calhau, Pierre et Arnaud *1294* étaient jurat et procureur syndic, et Faucon Jean *1341*, clerc de ville. Pierre Calhau appartenait à une des grandes familles de bourgeoisie et du haut commerce de Bordeaux au XIII° siècle. Familier d'Henri III, il lui vendait

Haulx, Le Tourne, Cappian, Cardan, Villeneufve, Saint-Hilaire-de-Cerre, Rions, Nayrac et Madirac (*Arch. dép. de la Gironde*). Cette maison noble, sortie de la famille de La Taste, se retrouve en 1730, 1731 et 1761 entre les mains de messire d'Arche de La Taste, François-Pierre-Antoine, *jurat*, qui en est alors le seigneur.

18 juin 1483 Archives du château, maison noble de La Taste, commune de Tizac de Galgon, canton de Guîtres, arrondissement de Libourne, vendu plus tard pendant les *guerres de la Fronde* à M. Landreau, procureur fiscal, aujourd'hui entre les mains de M. le marquis de Lard de la Rigoulière (*Biblioth. nat. d'Hozier*, Volume p. 85. *Enquête sur les seigneurs de Fronsac.*)

Sous l'empire des événements de ces diverses époques, la famille de La Taste de la maison de Beaurech se répandit, avec ou sans particule, selon la position de chacun et le caprice des scribes, dans le *Bordelais*, dans le *Vermandois*, dans le *Languedoc* ou l'*Armagnac* à *Lectoure* et dans la *Saintonge*.

Dans le Bordelais, les de la Taste ont habité plus spécia-

---

des vins, lui avançait de l'argent et jouissait en échange de ses faveurs. Il était très lié aussi avec Amanieu d'Albret qui lui emprunta un jour son sceau pour l'apposer sur un reçu de somme destiné au roi lui-même (*Arch. hist. de la Gironde*, t. 37, p. 585).

lement les paroisses de *Saint-Michel, Sainte-Croix, Saint-Rémy de Bordeaux.*

1507   Reconnaissance en patois gascon du 22 juillet par honorable homme François de la Taste, marchand, d'une maison et ses dépendances appartenant à la ville de Bordeaux située paroisse Saint-Michel (*Biblioth. nat. rég.* 2800. Cote 62 237).

1535   Liste des avocats au Parlement de Bordeaux, comprenant des de la Taste, indiquée dans l'*Histoire de Boscheron des Portes,* p. 115.

1549   Acte de naissance du 22 décembre 1549 de Sébille de la Taste, fille de Henry de la Taste et de Jeanne Robert (*Arch. municip. de Bordeaux, paroisse Sainte-Croix*).

1544
1545
1554
1555   Henri de la Taste, fils de Jehanne de Maurian, jurat de la ville de Bordeaux.

1554   Henri de la Taste, le même, conseiller au Parlement de Bordeaux, ses Lettres d'offices de conseiller lay du 28 juillet 1554 (*Arch. départ. de la Gironde*).

1563   Le conseiller Henri de la Taste, assassiné en septembre ou en octobre 1563 par les protestants à sa maison de campagne, près Libourne (*Histoire de Boscheron des Portes*, p. 180), au lieu appelé le bourg de Brenattes, dans un pré [1], commune de Jugazan (*Biblioth. nat.*). Il était marié avec Madeleine de la Lande et laissa deux enfants, Pierre et Jehanne, au nom desquels, leur grand'mère, Jehanne de Maurian, obtint du grand Conseil la condamnation de Mathieu de Lescours et de ses complices par jugement de juillet 1565. Ce jugement fut aussi exécutoire contre David de Montferrand, capitaine du château de Saint-Macaire, Michel de Lansac et Odet de Raphaël, par sentence de juillet 1565, et plus tard contre Jean de Lescours, seigneur de Savignac par sentence de mars 1566.

1565

1566

Pierre de la TASTE, avocat au Parlement, se maria avec Anne de Mestivier, sœur du conseiller au Parlement, et Jehanne de la Taste épousa noble Pierre de Salignac, seigneur de Puy-Guiraud et autres lieux. Les comptes de tutelle de Pierre lui furent rendus par Jean de Raoul, notaire et secrétaire de la Cour, jurat de Bordeaux en 1578, 1579, 1587,

[1] Le conseiller de la Taste se trouvait dans ce pré avec son neveu, le fils des Aigues ; sept soldats huguenots vinrent lui remettre des lettres et de l'argent. Le cuisinier fut le prévenir et lui porta en même temps sa pistole et son épée : « Va, sot, » lui dit-il, et les soldats faisant semblant de lui bailler une lettre dégaînèrent et le couvrirent de 26 blessures. « Il n'eut faute « de cœur et se voulut défendre, » dit la *Chronique* du 10 octobre 1563, mais une blessure à la gorge détermina la mort (*Bibl. nat.*).

1588, lequel avait été nommé tuteur par sentence du séné-
1573 chal de Guyenne du 21 janvier 1573.

1567   Gilles de la TASTE, jurat de la ville de Bordeaux *(Arch.*
1568 *hist. de la Gironde,* T. 34, p. 235-314-316). Ce titre de
jurat conférait la noblesse [1], et cette date *de 1567* est précisément la date du plus ancien titre de noblesse produit par les de la Taste de Lectoure (Armagnac), Josué, maire de Lectoure et son frère Etienne, lieutenant aide-major des Gardes du corps de Louis XIV, au jugement du 29 avril 1686 ; ce jugement fut attaqué, mais la maintenue de noblesse leur fut accordée par les jugements du 2 mai 1699, de Lepeltier, seigneur de la Houssaye, intendant de justice à Montauban et du 12 mai 1700. Cette pièce de 1567, mentionnée dans les jugements, introuvable dans les diverses archives, a dû être brulée dans l'incendie en Vendée 1793 du château de Vezin, près de Cholet (Maine-et-Loire), possédé alors par les héritiers de Josué-Augustin de la Taste, devenu catholique, fils du maire de Lectoure, capitaine des Grenadiers du Roi, héritier du nom et des armes, marié en octobre 1724 au château de Lavergne-Greffaut en Nesmy, près la Roche-sur-Yon, avec Madeleine de la Touche-Limouzinière, baronne de la grande terre de Vezin. L'acte de décès du 30 avril 1742 mentionne l'inhumation de ce Josué-Augustin de la Taste dans le deuxième caveau du château de Vezin. Ce

---

[1] Les jurats de Bordeaux portaient le titre de *comtes d'Ornon, barons de Veyrines.*

Gilles de la Taste, jurat de Bordeaux en 1567, fut l'aïeul de cette branche des de la Taste de l'Armagnac et Languedoc.

1580   Acte de naissance, paroisse Sainte-Croix, du 24 janvier
1581   1580, de Jehanne de la TASTE, et, 1ᵉʳ octobre 1581 acte de naissance de Pierre de la Taste, tous les deux enfants de Bernard de la Taste et de Jehanne Peyron. Jehanne entre au couvent des Ursulines de Bordeaux ; elle va fonder, avec
1630   des religieuses de son ordre, à Gondrin, un couvent des Ursulines *(acte du 31 décembre 1630, reçu Mᵉ Camarade, notaire à Gondrin (Gers).* Elle coopéra aussi à
1633   la fondation de celui de Condom, dont elle fut la première supérieure en 1633, des actes la signalent aussi comme fon-
1644   datrice de celui de Marmande en 1644.

1692   Naissance 12 février 1692, paroisse Sainte-Croix, de Louis Bernard LATASTE, connu sous le nom de Dom Bernard de la Taste, religieux très distingué, élevé avec ses frères au Col-
1745   lège de Sorrèze ; il fut nommé en 1745 supérieur du monastère des Carmélites de Saint-Denis de Paris, et devint
1747   en 1747 visiteur général de tout l'ordre en France. Il avait le titre d'évêque de Bethléem, était le directeur de la révérende mère Julienne, demoiselle de Mac-Mahon, mourut le
1754   22 avril 1754, fut enterré dans le caveau du monastère de Saint-Denis avec une plaque en marbre blanc, rappelant ses

grands mérites *(Arch. du monastère de Saint-Denis, histoire de Mme Louise de France, T. 1er, p. 313 et lettre de la supérieure du Carmel du 16 janvier 1894.* Le carmel de Saint-Denis, dont l'ancienne église a été transformée en justice de paix, est passé à Versailles en 1895. Il s'est exilé en 1901 en Hollande au Berchat, par Baarloo-Limbourg (poste Venloo).

1668 Acte de décès de Jean Delataste, écuyer, natif de Bordeaux, décédé rue Combin, et inhumé dans l'église des religieux de la Mercy *(Greffe du Tribunal civil de Bordeaux, paroisse Saint-Rémy).*

1676 Mariage, du 17 août 1676, de Mademoiselle Pascal, fille de Jean Pascal, avocat au Parlement, et de Demoiselle Marie Lataste, avec noble Pierre de Melet, écuyer, seigneur de Lambesc, de la Salle, de Castelvieil, de Haute-Roque *(Arch. nat., Paris)* [1].

---

[1] Ici, se place une remarque spéciale échappée à ma mémoire, et qui dès lors ne figure pas dans le travail que j'ai soumis à la Société des Archives ; c'est la remarque de M. Tamizey de Larroque, correspondant de l'Institut, membre du Conseil héraldique de France, si compétent en matière de généalogie ; il m'écrivait le 5 avril 1894 : « Je connais une famille qui malgré la différence du nom Tastes et non La Taste avait peut-être quelque parenté avec la vôtre ». Cette hypo-

thèse est vraiment bien permise, car le nom patronymique Taste est le même, les armes sont les mêmes : *à un chevron d'or accompagné de 3 besans de même 2 en chef 1 en pointe*, les émaux seuls varient ; les de Tastes portent de *Gueules* et les de La Taste *d'Azur, (d'Hozier, Versailles*, p. 3). De plus, les chefs de ces familles Gérauld de Tastes et Guillem Raymond de La Taste, tous les deux chevaliers, habitaient à la même époque de 1300 à 1350, tout près l'un de l'autre, la même bande de terre, large de 3 kilomètres, longeant les bords de la Garonne pendant 20 kilomètres environ, et réunissant, à l'une et l'autre de ses extrémités, la maison de Beaurech, appelée maison noble de La Taste et le château de Taste qui existait en 1323, paroisse Sainte-Croix-du-Mont en Cadillac, qui existe encore aujourd'hui entre les mains de M. Lagarde, son propriétaire, cours du jardin public, 8, à Bordeaux. Ce château, vraisemblablement, fut à son origine le berceau de ces deux familles voisines, portant le même nom ayant même souche, et qui auront, par les particules préfixes, distingué leurs branches et marqué dans le pays leur position seigneuriale.

En 1323, noble homme Messire, Gérault de Tastes, chevalier, sénéchal de Saintonge, pour le Roy d'Angleterre rendit à Saintes, *in... Castri xantonensis*, le mercredi avant la Purification et le lundi après la Purification deux jugements contre le procureur du Roy d'Angleterre, en faveur du Prieur de Montierneuf en Saint-Aignan, arrondissement de Marennes, dépendant de l'Abbaye de Vendôme (*Original en parchemin, Archives de Loir-et-Cher.*)

En 1325, la guerre se prépare en Aquitaine ; les Français s'agitent ; le gouverneur Hugues le Dispenser prévient le Roy d'Angleterre le 16 octobre 1325, avec un mémoire lui indiquant les moyens de défense (Delpit, p. 56, XIV° siècle) et en 1326 un traité est passé entre Edouard, Roy d'Angleterre, et Charles, Roy de France, pour le châtiment des auteurs des troubles sur les terres du Roy d'Angleterre en Guyenne et ailleurs en mer et en terre, et il y est dit : *excepté Mons. Olivier Duyguchen, Mons.* Géraud de Tastes, *le seigneur de Caumont, etc., auxquels pardonnons aux dites personnes la peine de mort (Archives nationales).* Malgré la domination anglaise, ils avaient toujours au cœur l'amour de la France.

Le 28 mai 1341, Gérault de Tastes, seigneur de Sainte-Croix-du-Mont, obtient d'Édouard III, roi d'Angleterre, une ordonnance le payant de ses gages et dommages des chevaux qu'il a perdus à son service à l'Host (armée) d'Aquitaine.

En 1363, les de Tastes ne figurent pas aux hommages rendus à Bordeaux au Prince Noir, mais ils sont inscrits sur cette même liste en Agenais Ramon de Tastas, n° 163, avec la consonnance locale *en As* de l'époque comme les de la Taste à Bordeaux. C'est donc bien, à son origine, le même nom patronimique, peu importe l'orthographe du mot Taste avec ou sans l'*S* que ne porte même pas le nom du château.

Le Sénéchal de Saintonge paraît avoir dans ses descendants les de Tastes de la Barthe, en Agenais, sur lesquels la collection Cherin (Bibliothèque nationale) fournit une grande quantité de pièces de 1515 à 1761, et aussi les de Tastes de Lilancourt au fort Dauphin, île Saint-Domingue, sortis de Guillaume-Benoist de Tastes selon la lettre de M. Tamisey de Larroque, lequel serait mentionné, parmi les de Tastes en Agenais, dans les diverses pièces de la bibliothèque nationale : sentences, ordonnances, contrats de mariages, extraits de baptême, commission de capitaine, lettres au Roy, testaments, partages, etc..., et où sont nommés Jean, Gaspard, Raimond, Vidal, Guillaume-Benoist, Joseph, François, Maurice de Tastes avec leurs alliances.

BRANCHE DU VERMANDOIS

BRANCHE DU VERMANDOIS

1509   François de la Tasta, dit de Montferrand, est le premier dont on trouve les traces à Laon (Vermandois), dans un bail à vie, en 1509, des revenus des importantes terres et seigneuries de Pontbar et Tannay (Ardennes), par lequel les religieux et abbaye de Saint-Rémy, de Reims, afferment les dites seigneuries à nobles personnes François de la Taste, dit de Montferrand, *grenetier* à Laon (Tribunal des Gabelles), et à Damoiselle Françoise de Villiers, sa femme, avec droit de haute, moyenne et basse justice (*Arch. com. du Chêne, Ardennes*). J'en possède la copie authentique.

1525 Lettres royaux de François Ier à François de la Tasta, dit de Montferrand, portant concessions de trois foires par an et d'un marché pour sa seigneurie de Sy, où il a droit de haute, moyenne et basse justice *(Arch. nat.)*. Sa femme et lui sont bienfaiteurs, en 1533, de la Chartreuse du Montdieu *(Dom Ganneron, Centuries* de Laurent, p. 117). Ils eurent deux filles : *Guillemette* et *Catherine*. Guillemette de l'Atast se maria à Adolphe des Lyons, lieutenant général de Champagne et de Brie, qui mourut en 1572. Elle eut deux enfants dont l'un, Claude, fut empoisonné, et l'autre, Madeleine des Lyons,
1572 fut mariée le 14 octobre 1572 à Antoine de Joyeuse, fils du comte de Grandpré. François de la TASTE, ainsi que de Lyons, furent enterrés dans l'église de Sy sous une belle sépulture de marbre et représentés à genoux en grandeur naturelle *(Dom Ganneron,* Laurent). Catherine de la Taste fut mariée le 3 août 1539 au marquis Pierre de la Vieuville, gentilhomme de Bretagne et de la chambre du Roy, seigneur de Challenet, de Royaucourt, vicomte de Farbus, gouverneur de Mézières. Elle eut une fille, Anne, mariée en 1596 à Michel d'Aumale, seigneur de Mansphel, et un fils, Robert de la Vieuville, qui fut grand fauconnier de France (d'Hozier, *Registre 4, p. 62*). Son fils, Charles de la Vieuville [1], fut

---

1. Les armes de ces la Vieuville se trouvent sur un vitrail de l'église Saint-Nicolas de Blois.

Il y eut en effet l'abbé Charles-François de la Vieuville, nommé abbé intendant des finances. Il fit rentrer, le 4 mai 1624, au Conseil des Ministres, le cardinal de Richelieu qui prit le premier rôle et supplanta de la Vieuville.

1572 et 1573 On trouve (Bibliothèque nationale, fonds français n° 20475), François et Jean de la Taste faisant partie d'une compagnie de 30 gentilshommes sous les ordres du duc de Bouillon, pour la garde des places de Sedan et de Jamets.

1614 On trouve, même source, registre 2800, cote 62237, Nicolas de La Taste, écuyer, seigneur de Flaba et de Mairy, dans une compagnie de 150 gentilshommes sous les ordres du duc de Bouillon (j'ai des copies d'actes authentiques à ce sujet). Nicolas de la Taste épousa en premières noces Nicole de Noirfontaine, dont il eut Lucie, mariée à Jean de Corbion, escuyer, et Rachel, mariée à Nicolas de Romain, habitant Mairy.

En deuxièmes noces, Nicolas de la Taste se marie à Claude d'Escannevelle, dont il eut un garçon, Claude de la Taste, né à Biermes le 4 mars 1617, baptisé le 4 juillet suivant, ayant pour parrain Claude-Charles de la Haye d'Aubilly, baron de Chaumont, et pour marraine haute et puissante princesse

commandataire de Saint-Laumer, aujourd'hui église Saint-Nicolas, par le roi en 1660 et par le pape le 8 décembre 1660. Il mourut à Paris le 29 janvier 1676.

Claude de Moy, comtesse de Chaligny, dame de Cugny, Trugny, Seuil, Biermes, Amagnac, et une fille, Rachel, née à Biermes en 1620.

1656   On trouve Marie de la Taste, mariée le 13 août avec son cousin consanguin, Jean d'Escannevelles, seigneur de Coucy, il y eut dispense et fulmination *(Archives de Coucy, canton de Réthel)*. Ce Jean d'Escannevelles avait pour mère une dame Sidoine de Greffin, enterrée le 27 février 1674 à Biermes. On trouve des de Greffin en Saintonge.

Cette famille de la Taste paraît éteinte en Vermandois, où l'on cite plusieurs alliances parmi lesquelles les familles de Miel, d'Hullye, d'Odnof, de Briancourt, de Carré, de Bonnivert, etc.

La planche des armes de cette branche et des mariages contractés indique pour les :

DE LA TASTE : Écartelé au 1er et 4º à l'aigle à 2 testes au vol abaissé ; au 2º et 3º de losanges.
Tel est le sceau en placard de la lettre d'hommage au comte de Nevers, rendu en 1572, par Guillemette de La Taste, veufve de feu et puissant seigneur Adolphe de Lyons. (*Manuscrit* Marolles, Layette, Omont *et* Colbert, *1789, Bibl. nat.*)

DE VILLIERS : De sable à fleurs de lys d'argent sans nombre. (Caumartin, *mot Villiers, Bibl. nat. Manuscrit* Marolles *nº 1593.* — Clairambault *nº 787.*)

DE LYONS : D'azur à 3 testes de léopard d'or lampassés de gueules (Lainé, *Arch. généal. nobiliaire Soissonnais,* p. 64).

DE LA VIEUVILLE : D'argent à 6 feuilles de houx d'azur posées 3, 2 et 1 (Paillot, *p. 336*) ; 2 leurres d'azur semées de lys d'or, insignes du grand fauconnier de France.

D'ESCANNEVELLES : De sable à 3 croissants d'argent bien ordonnés, surmontés de 3 billottes rangées de même (Lainé, *Arch. généal.*, T. 1er, *art. de* Beffroy, p. 5).

DE NOIRFONTAINE : De gueules à trois étriers d'or (Lainé, T. 6, *Nobiliaire de Champagne,* p. 70).

BRANCHE D'ARMAGNAC

BRANCHE D'ARMAGNAC

1567 — Le chef de cette branche fut Gilles de la Taste, avocat au Parlement de Bordeaux, jurat de la ville en 1567 et 1568 ; Il eut pour fils ou petit-fils François de la Taste, docteur et advocat, baptisé dans la R. P. R., que l'on trouve vers 1620 à Lectoure (Gers), où il épousa Marguerite de Fabry, dont la maison de famille, dans le quartier des Mares, était encore habitée en 1638. Une demoiselle Marie de Fabry, troisième femme du vicomte de Pompadour, écrivit en 1618 deux lettres à la marquise d'Hautefort, qu'elle appela : *ma très honorée sœur (voir généalogie de cette famille par Clouzot, de Niort)*.

Ce François de la Taste eut deux filles et deux fils : *(Généalogie prise dans l'acte de liquidation du 7 juillet 1765, Gilbert, notaire, Paris, succession des de La Taste et de Saint-Gery).*

1° *Jeanne* de la Taste, mariée à noble Mathison de Lescout, d'où un fils, Josué de Mathison de Lescout, marié à Catherine de Brissac, dont un fils, Joseph, subdélégué à l'intendance de Guienne ;

1655   2° *Marguerite* de la Taste, mariée le 6 décembre 1655, par contrat reçu Belons, notaire à Lectoure, avec messire Jean-Jacques de Barciet de Bezodis, fils de noble Pierre de Barciet de Bezodis, conseiller du Roy et son lieutenant particulier au sénéchal et présidial d'Auch et de demoiselle Anne de Pelleport. Marguerite eut une fille et un fils. Sa fille, Marguerite, épousa noble Pierre de Lauzin de Gorbie et mourut le 12 mars 1740 *(Règ. de l'Eglise de Gimon)*. Son fils Pierre, capitaine au régiment de Molac, hérita de 6,000 livres dans le testament de son oncle, le général Etienne de la Taste ; marié à Françoise de la Ronde, il eut une fille et un garçon ; la fille fut mariée à messire Joseph de Sudria, conseiller du Roy et lieutenant général de la Sénéchaussée de l'Isle-en-Jourdain ; le fils, Pierre de Barciet de Bezodis, épouse le 18 mars 1755 Ursule de la Ganzie ; il eut une fille Jeanne-Marie, née le

10 mai 1759, baptisée le lendemain en l'église du Saint-Esprit de Lectoure. Jeanne-Marie hérita de ses grandes tantes, Marguerite de Barciet de Bezodis et Gabrielle Etienne, dame de Sudria ; elle fut cohéritière avec Madame de Sudria de la moitié de la fortune du général dont la veuve Catherine de Lambert était usufruitière. La succession de celle-ci fut liquidée entre les de la Taste et les de Saint-Géry par l'acte du 7 juillet 1765. (*Etude de M° Gilbert, notaire à Paris.*)

3° Noble *Josué* de la Taste, baptisé dans la R. P. R., maire de Lectoure, obtint maintenue de noblesse par les jugements des 29 avril 1686 et 2 mai 1699 de Lepelletier de la Houssaye, intendant de Montauban. Il épousa Rose de Sudria, fille de N. de Sudria et de demoiselle de Robino. Ils eurent cinq enfants : 1° Etienne de la Taste, écuyer, capitaine de cavalerie, qui paie le 8 août 1720 à son cousin Jean de Saint-Géry de Magnas [1], capitaine de cavalerie, une somme de sept mille livres en sept billets de banque de mille livres chacun, sous les n°s 64276, 313671, 365330, 378047, 324964, 365329 et 271679 (*Etude de M° Barbalane, notaire à Lectoure. Bibl. nat., Cab. des titres, Pièces originales,*

---

[1] Ce fut l'abbé de Saint-Géri de Magnas qui prononça l'oraison funèbre dans l'Eglise de Saint-Denis, lors de la présentation du corps de Madame (femme du duc d'Orléans, frère de Louis XIV). (*Librairie* Paul Chéronnet, *rue des Grands-Augustins, 19, Paris.*)

Rég. 2800, Cote 62237, n° 8); baptisé dans la R. P. R., il mourut le 26 septembre 1727 ; 2° Pierre, baptisé dans la R. P. R., devenu prêtre chanoine théologal de l'église de Saint-Gervais de Lectoure, décédé le 28 août 1744 ; 3° Josué de la Taste, capitaine des grenadiers du Roy, chevalier de Saint-Louis, né le 23 mars 1677, baptisé le 25 dans la R. P. R. par le ministre de Puisguaguer, M. Raynial. Converti au catholicisme suivant acte de notoriété il prend à la confirmation les noms d'AUGUSTIN JOSUÉ (voir les détails sur son mariage en Vendée à l'article ci-après de son oncle le général de la Taste) ; 4° Françoise, née dans la R. P. R., meurt à Lectoure le 11 janvier 1750 après avoir testé le 20 juillet 1743 en faveur de sa nièce, Gabrielle de Saint-Géry, veuve de noble Jean de Barreau de la Cassagne ; 5° Marguerite, mariée avec noble Pierre de Saint-Géry, seigneur de la Mothe, dont elle eut sept enfants ; elle mourut le 25 juillet 1739 (Reg. de l'église de Magnas). Parmi ses enfants, l'un, Etienne de Saint-Géry, prêtre curé de Barac, vint en Vendée assister le 6 janvier 1753, au château de Vezins, au mariage de sa cousine Marie-Rose Pétronille de la Taste avec le marquis Viault du Breuillac, et, son père, Pierre de Saint-Gery, seigneur de la Mothe, s'y fit représenter par le beau-frère de la mariée, Philippe Le Clerc de la Ferière, baron de Vezins.

4° *Etienne* de la TASTE dont voici les états de service officiels qui me furent délivrés au ministère de la Guerre le 4 février 1903 :

Il fut garde du corps, puis exempt dans les gardes du Roy Louis XIV (Compagnie de Noailles).

1674   Aide-major de cette compagnie le 2 février.

1684   Aide-major des gardes du corps avec rang d'enseigne le 10 mars.

1688   Maître de camp de cavalerie le 25 septembre, avec rang de lieutenant aide-major des gardes du corps le 25 octobre 1691.

1693   Brigadier de cavalerie par brevet du 30 mars.

1702   Maréchal de camp du 29 janvier, il démissionne de son aide-majorité en mars et cessa de servir.

Ses campagnes sont :
1674 Franche-Comté — 1675-1676, Flandre.
1677-1678 Rhin — 1684, siège de Luxembourg.
1689-1690-1691-1692-1693-1694-1696 et 1697, campagnes de Flandre.

Il assiste aux combats de Senef, de Kokesberg en 1677, se

distingua dans les combats de Leuze, de Steinkerque, et à la bataille de Nerwinde. Fait maréchal en 1702, il se retira avec une pension de dix mille livres ; *tout le monde le connaissait à la Cour, le Roy le traitait bien, dit* SAINT-SIMON *dans ses Mémoires,* T. 10, p. 181.

1704   Le 22 septembre 1704, il épousa par contrat, reçu Me Perrichon, notaire insinué à Paris, haute et puissante dame Catherine-Henriette de Lambert, d'une famille du Périgord (*Bibl. nat.*, *Reg.* d'HOZIER, n° 2, p. 575). Il mourut très âgé,
1714 subitement à Versailles, le 13 mai 1714 ; sa veuve vint en
1720 Vendée, ainsi que le mentionne un acte du 27 juin 1720, reçu Me Chauvin, notaire à Angers (Maine-et-Loire) à l'occasion de la terre de Moricq, commune d'Angles, arrondissement des Sables. Elle avait à Moricq une résidence, fit faire le desséchement des marais d'Angles, ce qui lui causa de nombreux procès. Ses hautes relations la mirent à même de marier, en octobre 1724, son neveu Josué-Augustin de la Taste, capitaine des grenadiers au régiment du Roy, chevalier de Saint-Louis, fils du maire de Lectoure, avec haute et puissante demoiselle Marie-Madeleine de la Touche-Limouzinière, dame de Lavergne-Greffaut, château et terre en Nesmy, près de La Roche-sur-Yon. C'est là qu'eut lieu le mariage, célébré par François d'Andigné, vicaire général de l'évêché de Luçon, parent de la mariée.

    La haute noblesse de la Vendée y assistait et parmi ses

membres se remarque Henriette de Granges de Surgères, épouse d'Alphonse, chevalier, marquis de Lescures, baron de Sainte-Flaive, chevalier de Saint-Louis, colonel des dragons, *amie commune*. Marie-Madeleine de la Touche-Limouzinière était fille de Louis-Jean-Charles-Urbain de la Touche-Limouzinière, chevalier, seigneur de la Vergne-Greffaut et de Marie-Chalotte Charbonneau de la Fortescuyère ; elle hérita plus tard de la baronnie et terre de Vezins, près Cholet (Maine-et-Loire) de son oncle Joseph-François d'Andigné. Cette terre considérable de Vezins, rendez-vous de chasse de tout le Poitou, lors de la Saint-Hubert, ayant forêt de cinq lieues de tour, nombreuses fermes, étangs et moulins, ne fut jamais vendue, dit la tradition ; elle se transmit toujours en famille, depuis l'année 1100, époque à laquelle les de la Porte la possédaient, jusqu'à aujourd'hui qu'elle appartient à la famille Le Clerc de la Ferrière, portant le nom de Vezins et descendant de Josué-Augustin de la Taste. Celui-ci fut enterré, dit l'acte d'état civil du 30 avril 1742, dans le deuxième

1742 caveau de la chapelle du château de Vezins, paroisse de Vezins. Ce château, reconstruit en 1770 par un de ses petits-fils, Philippe-André Fortuné Le Clerc de La Ferrière, fut brûlé en 1793 par les révolutionnaires dans la guerre de la

1793 Vendée ; la bibliothèque était riche et belle ; elle contenait les papiers de la famille de la Taste, dont Josué-Augustin était le chef du nom et des armes ; c'est dans cet incendie que dut disparaître le titre de noblesse de 1567, introuvable, et cependant déposé lors du jugement de 1686 (29 avril) qui mentionne ce titre comme le plus ancien et qui accorde la maintenue de noblesse, ainsi que le jugement du 2 mai 1699 de Le Pelletier de la Houssaye, intendant de la généralité de Montauban ; Josué-Augustin de la TASTE eut, de Marie-Madeleine de La Touche-Limouzinière, deux filles :

1° Marie-Rose-Henriette-Charlotte, baronne de Vezins, qui eut neuf enfants de son mariage (14 mai 1748) avec Philippe-Pierre-Marie Le Clerc, chevalier, seigneur de La Ferrière ; leurs actes d'état-civil se trouvent au greffe du Tribunal civil de Cholet, d'où plusieurs alliances, dont une avec les Marsault de Parçay, en 1771.

2° Marie-Rose-Pétronille, mariée au château de Vezins, le 8 janvier 1753, à René-Charles Viault, marquis du Breuillac ; à ce mariage se remarquent les signatures d'un de la Roche-Jacquelin et de plusieurs de la Haye-Montbault et de Mortemer ; elle fut propriétaire de la Vergne-Greffaut. Elle eut deux enfants : Marie-Louise-Charlotte, chanoinesse de Poulangy, et Jacques-Henri-René-Marie Viault, marquis du Breuillac, décédé en 1823 au château du Petit-Chêne (Deux-Sèvres). Le mariage de celui-ci, en 1803, avec Benjamine de Ponte de Nieul, donna à Marie-Rose de la Taste des descendants dans les familles de Tusseau du Petit-Chêne (Deux-

Sèvres), de la Laurencie près d'Angoulême et de la Laurencie à Nantes.

La veuve du général de la Taste, Catherine de Lambert, resta dans la Vendée, et souvent à Vezins, où elle rédigea, le 10 avril 1758, une plaque en marbre noir pour fondation de messes dans la chapelle de Beauchêne, commune de Cerizay (Deux-Sèvres), de concert avec Anne de Granges de Surgères de Puiguion, veuve de Pierre de la Court de Fonteniou, et Henriette-Elisabeth de Granges de Surgères de Puiguion, veuve du marquis de Lescures. Cette plaque existe encore à Beauchêne, derrière l'autel, à droite ; elle se trouve sous la boiserie neuve ; j'en ai la copie, certifiée officiellement, ainsi que la copie de l'acte fondant les messes et passé à Paris, le 28 juillet 1755, étude de M° Martel, notaire.

La veuve du général mourut très âgée ; elle fut enterrée le 8 novembre 1763 dans la paroisse de Saint-Pierre de Cerizay (Deux-Sèvres), diocèse de La Rochelle, soit dans la vieille église, aujourd'hui reconstruite sur la place, en même lieu, soit dans le cimetière, soit dans la chapelle de Beauchêne, et peut-être au château de Puiguion, dans les ruines duquel on montre encore aujourd'hui trois petites pièces qui étaient à son usage.

Avec Josué-Augustin de la Taste, s'éteignit, en 1742, au château de Vezins, le dernier représentant, en Vendée, de la branche d'Armagnac ; il était né le 23 mars 1677, à Lectoure.

La planche des armes de cette branche et des familles alliées donne pour les :

DE LA TASTE : D'azur aux chevrons d'or accompagné de trois besants aussi d'or (D'Hozier, *Versailles*, p. 3).

DE FABRY : D'argent au pal d'azur au chef de gueules chargé de 3 écussons d'or (Lainé, *Arch. généal.*, T. 6, *art.* d'Arbaud, p. 6).

VIAULT du BREUILLAC : D'argent au chevron de gueules accompagné de 3 coquilles de sable.

DE SAINT-GERY : D'azur à la bande d'or accompagnée de 6 besants du même en orle (*Dictionnaire héraldique de* Grandmaison, p. 50).

DE LAMBERT : Coupé emanché de gueules de pièces sur deux et demie d'argent (d'Hozier).

DE BARREAU DE CASSAGNE : D'or au lion de gueules (Lainé, *Arch. généal.*, *noblesse de la Rochelle*, p. 6).

DE LA TOUCHE-LIMOUZINIÈRE : De gueules de 3 besants d'or posés 2 et 1 (*Armoirie de l'Anjou, par* Denais).

DE SUDRIA : D'azur au lion couronné d'or lampassé et armé de gueules accompagné de 13 besants d'or en orle (Lainé, *Arch. généal.*, T. 10, *Noblesse Montauban*, p. 10).

LE CLERC DE LA FERRIÈRE DE VEZINS : D'argent à la croix engrelée de gueules cantonnée de 4 aigles de sable becqués et onglés de gueules.

BRANCHE DE SAINTONGE

BRANCHE DE SAINTONGE

La branche de Saintonge eut, comme la branche de Vermandois et celle d'Armagnac, sa souche dans la Gironde, maison de Baurech, prévôté royale entre deux mers, canton de Craon. Cette maison prit successivement le nom des seigneurs qui la possédèrent ; l'acte de vente, étude de M⁰ Lortye, notaire royal à Bordeaux, entre 1550 et 1554, indique en effet : *Maison noble vulgairement appelée* LA TASTE, *autrement Calhau et Faucon*, sans doute aux époques de 1294, où les Calhau (Pierre et Arnaud) furent Jurat et Procureur de la ville de Bordeaux, et, de 1341, où un Faucon Jean était clerc de ville [1].

Les ancêtres de cette branche, les plus anciens connus, furent, comme pour les deux autres branches, les de la Taste qui lui transmirent leur nom originel, traditionnel, selon la consonance et l'orthographe des époques, des lieux et des scribes, sans qu'il soit jamais précédé ni suivi d'aucun autre nom ; ce furent Mossen le chevalier *Guilfa Ramon de Las Tastas*, seigneur de la maison de Baurech, et *Galhard de la Taste*, esquier, qui tous les deux sous les n°s 37 et 52 du procès-verbal, rédigé par de Maderan, *notarie publik* (*Delpit*, p. 89-90, *table 347 et bail Tabanac*, 1390) rendirent hommage à la même heure de *demi-jour, le 9e jour de juillet* 1363, dans l'église de Saint-André de Bordeaux, au Prince Noir, Prince d'Aquitaine et de Galles avec 58 gentilshommes de la Guyenne, barons, chevalers, esquiers, etc.

Cette branche, qui avaient plusieurs de ses membres épars dans les paroisses de *Saint-Rémy, Sainte-Croix, Saint-Michel* de Bordeaux et dans les environs, vint, poussée par les événements, les guerres de religion et la terrible épidémie de la *peste* sévissant à Bordeaux avec fureur en 1580 et

---

[1] Après cette vente par Armand de Lastastez, écuyer (écrit de La Taste à la 16e page), à Jehan Regnou, écuyer, le nom de la maison noble fut ajouté au nom de son propriétaire. Ainsi : Arche de la Taste (François-Pierre-Antoine d') Jurat en 1730-1731-1761.

1585 [1], s'établir en Saintonge, contrée voisine, après l'assassinat du Conseiller au Parlement, *Henri de la* Taste, d'abord à Pons, à Chadenac, puis à Saintes Jazennes vers la fin du XVI° siècle. Ses descendants, continuant l'atavisme professionnel de leurs parents, occupèrent, comme ceux-ci l'avaient fait auprès du Parlement de Bordeaux, des places de magistrature ou s'y rattachant. Ainsi le premier que donne la généalogie de la famille est Nicolas de la Taste, notaire royal à Pons en 1582 et 1587 ; puis Guillaume de la Taste, sieur du Tartis, commune de Saint-Sauvant (près Saintes), procureur au siège de l'Election en chef de Saintes en 1622.

Après lui sont inscrits : 1° Nicolas de La Taste, de la paroisse de Chadenac, né en 1650, juge sénéchal de Chadenac, marié à Marie Mossion, de la famille Mossion de la Gontrie, dont on trouve la signature sur l'acte de baptême de François de La Taste, à Chadenac, son petit-fils du 7 avril 1717 ; 2° Jean de La Taste, aussi de la paroisse de Chadenac, plus tard notaire royal à Pons, marié à Saintes, le 9 janvier 1658,

---

[1] A ces époques, la peste était endémique à Bordeaux ; le cours de la Justice en était interrompu, et les registres du Parlement de 1582 contiennent à ce sujet une note pleine de tristesse et d'un grand découragement. En 1583 des lettres-patentes du roi transfèrent le Parlement à Libourne. Le fléau seul dans la ville et dans la banlieue fait périr, en 1585, dix-huit mille personnes dont deux Jurats et quarante chefs des familles les plus considérables. (*Histoire du Parlement de Bordeaux*, de Boscheron des Portes, t. I, p. 288.) L'effroi était général.

dans l'église de Sainte-Colombe, à *Madeleine* Mossion, évidemment sœur ou cousine germaine de Marie Mossion, comme Jean devrait être le frère ou le cousin de Nicolas. Cette famille Mossion de la Gontrie avait dans le pays de grands biens et une situation noble.

Les descendants de Nicolas continuèrent en Saintonge la branche française, mais un des fils du notaire de Pons, nommé Jean comme lui, né en 1673, épousa à Jazennes, le 26 février 1696, Sarah Garnier, dont la famille protestante exerçait le commerce à Jazennes. Il eut un fils, Jean, né le 24 mars 1707; celui-ci passa en Espagne pour apprendre le commerce, puis il fut en Angleterre, à l'île de Jersey, où il épousa Marie Souzé, en 1735. Cette alliance fonda la branche anglaise dans la personne de Jean de la Taste, leur fils qui, né à Jersey, le 24 juin 1736, accueillit avec *intérêt*, 56 ans plus tard, en 1792, les émigrés français alliés à sa famille de France, MM. le marquis Pierre-René-Auguste de Brémond d'Ars, député de la noblesse aux Etats-Généraux et Charles-Alexandre Bidé de Maurville de Langle, lieutenant de vaisseau, chevalier de Saint-Louis. *(Récit généalogique de l'émigré lui-même, M. de Brémond d'Ars.)* Cette branche entretint toujours les meilleures relations avec ses parents de la Saintonge; aussi fut-elle représentée le 17 octobre 1896 à Saint-Etienne (Loire), 161 ans après sa séparation de la souche, par John Mellish de la Taste, de Jersey, au mariage d'Alfred de la Taste, chevalier de la Légion d'honneur, lieutenant de vaisseau, officier d'Etat-major de la marine française, avec Mademoiselle Blanche Eicher de Rivière.

Nicolas de la Taste, resté chef de la famille française, eut de Marie Mossion quatre enfants : 1° François-Nicolas, marié à Françoise Blondel, qui fut juge séchénal et notaire royal de Chadenac ; leurs enfants s'allièrent aux familles de Greffin de Rivery, de Cros de Ville, de la Tache, Berthus de l'Anglade, le conseiller référendaire au Parlement de Bordeaux ; 2° Jacques, curé à Pons et à Jazennes, dont il commença la construction du presbytère en 1742 et à Saint-Michel de Saintes ; 3° Pierre, né le 31 juillet 1695, sort ignoré ; 4° Jacques, deuxième du nom, seigneur des Ouilliers et de Montplaisir, échevin, en 1732, de la ville de Saintes, notaire royal, procureur au Présidial de Saintes ; il épousa, par contrat du 13 mai 1721, Jeanne Adam, sœur de Jean-Louis Adam, conseiller du roi, chanoine et official du Chapitre de Saint-Pierre de Saintes. Jacques et sa femme eurent quatre enfants : *Françoise*, dame Duchâtel, sans postérité ; *Jeanne-Françoise*, dame de Mothe, dont la fille ne se maria pas ; *François-Nicolas*, curé de Jazennes, dont il acheva le presbytère, et de Saint-Coutant-le-Grand, près Saint-Savinien, où son frère le président possédait une propriété ; *Jean-Jacques*, baptisé le 3 juillet 1724, conseiller du roi, avocat au Parlement, président de l'Election en chef de

Saintes, seigneur du Chatelet et de la Fumelière en Saint-Coutant-le-Grand. Il se maria à Saintes, le 20 février 1753, avec Catherine d'Angibaud, d'Averton, dame de Rabaine [1]. Cette famille d'Angibaud, originaire d'Albanie, est fort ancienne ; elle donna aux tribunaux grand nombre de magistrats, de chanoines au chapitre de Saint-Pierre de Saintes et à l'armée plusieurs officiers, chevaliers de Saint-Louis, un maire à la ville de Saintes (1752). Le président de la Taste mourut le 23 août 1782 ; il fut enterré dans l'église de Saint-Michel de Saintes. Sa veuve, morte à Saintes le 5 janvier 1829, avait été convoquée le 12 mars 1789 à l'Assemblée de la noblesse, à Saintes, pour les Etats-Généraux par le lieutenant-général de Tonnay-Charente. (*Arch. nat.*, bulletin n° 28267.) Le président laissa cinq enfants : 1° Jeanne-Marie-Elisabeth, mariée le 20 janvier 1785, au marquis de Brémond d'Ars [2], député de la noblesse aux Etats-Généraux, dont nombreuse postérité ; 2° Eustelle, mariée, le 16 juin 1789,

---

[1] Catherine était fille de Charles d'Angibaud, écuyer, sieur du Pouyaud, et de Rabaine et de Marie Brelay de Terre-Neuve.

[2] La famille de Brémond d'Ars est d'ancienne chevalerie ; on trouve ses traces dès le X° siècle ; en 1204, un de ses enfants, Foucaud de Brémond est aux croisades l'un des chevaliers de Saint-Jean présents à l'hôpital de Jérusalem ; noblesse d'épée, illustre entre les plus anciennes

au chevalier Bidé de Maurville de Langle, lieutenant de vaisseau, chevalier de Saint-Louis, mort en Angleterre ; sa fille, Honorine, fut mariée au comte de Montalembert de Cers [1], dont nombreuse postérité.

1783   3° Marie-Elisabeth, mariée le 28 décembre 1783 à Célestin Gillis, conseiller du Roi, avocat au Parlement de Paris, rece-

---

familles, elle figure sur les champs de bataille de toutes les époques ; GUILLAUME succombe à Crécy en 1346 ; *Pierre* combat sous la bannière de Jeanne d'Arc ; *Josias*, baron d'Ars se signale dans 20 combats ; *Charles*, marquis d'Ars, capitaine de vaisseau, est tué en 1761 à bord de l'*Opale* ; on peut dire qu'un glorieux nécrologe se continue jusqu'à nos jours ; plusieurs de Brémond d'Ars sont encore dans l'armée, et, d'autres, soit en Bretagne, soit ailleurs, marquent leur présence par des services élevés et distingués.

[1] La famille de Montalembert compte des hommes illustres dont le nom rayonne en Europe surtout dans la deuxième branche. Parmi eux figure Marie-René, marquis de Montalembert, membre de l'Académie des sciences, général de division, lieutenant-général du gouvernement de l'Angoumois et de la Saintonge, créateur de la fonderie des canons de Ruelle, né à Payne (Charente), le 16 juillet 1714, et, aussi le grand orateur catholique Charles de Montalembert, pair de France. Cette ancienne famille a dans le Poitou plusieurs représentants, et, en Saintonge, Henri-Marie-Gaston de Montalembert qui habite le château de la Bristière en Echillais de Marennes.

4.

veur des finances à Marennes, premier directeur des contributions directes de la Charente-Inférieure. Son fils mourut jeune.

4° Pierre-Joseph, marié le 20 avril 1789 à Marie-Anne Péraud, fille du procureur du Roi à l'Election en chef de Saintes ; ses enfants s'allièrent aux familles Lambert de la Croix, du marquis de Cumont, de Brétinaud de Méré, d'André, de Saint-Germain.

5° Jean-Claude, marié à Sophie Chédaneau des Giraudières, receveur de l'enregistrement à Surgères (Charente-Inférieure) ; son mariage fit la parenté avec les familles Le Valois, baron Hulot, général Susane. Il eut une fille qui mourut jeune et un fils Jacques-Aristide, notaire à Chizé (Deux-Sèvres) ; celui-ci épousa en 1830, Louise-Adèle Fromy, fille de Charles Fromy, médecin, et dont un ascendant, Pierre Godefroy, de la paroisse de Fromy, canton de Carignan, près Sedan (Ardennes), était officier dans l'artillerie protestante à la bataille de Jarnac (1569) ; dans la retraite, celui-ci fut blessé grièvement à la défense de la redoute *des Châtelliers*, près Dampierre-sur-Boutonne (Deux-Sèvres). Il resta au pays château du Tabarit ; ses états de services lui furent délivrés par le prince de Condé sur une feuille en parchemin scellée de ses armes. Parmi ses descendants se trouvent : 1° Charles

Fromy, cornette au régiment de dragons-dauphin, dont les enfants passèrent en Allemagne ; l'un de ceux-ci fut le docteur *Formey* (orthographe allemande), conseiller du roi Frédéric-Guillaume, membre de l'Académie des sciences à Berlin, celui très probablement *(point à fixer)* auquel M. Si-

1749 mon Delphin de la Mothe adresse des félicitations sur sa réformation de la justice en Prusse (*Arch. de la Gironde*, vol. 32, p. de 247 à 252). 2° Fromy-Beaupré, mort à bord du vaisseau *Le Vengeur* [1], ce souvenir cher à la marine (*lettre de M. le Ministre de la marine du 24 avril* 1899). 3° Pierre Fromy, lieutenant au régiment de dragons-Belzunce, qui épousa le 17 septembre 1730 sa cousine, Marie Pastureau.

Ce mariage établit, pour Adèle Fromy, dame de la Taste et pour ses enfants, la descendance de l'antique famille des

---

[1] Sa courageuse mère, dame Henri Fromy-Beaupré, née Marguerite-Louise Soulard de la Planche, par son attitude énergique, sauva la vie à M. Duret, célèbre avocat, mari de sa cousine germaine et à MM. Seignette et Barbeau au moment où ils allaient être guillotinés à Rochefort. Voici le fait : 21 jeunes gens de la Rochelle, ayant crié : *Vive le roi*, la nuit, dans les rues de la ville, passèrent en jugement devant une Commission dont ceux-ci faisaient partie et dont M. Duret était le président. La Commission constata que ces cris séditieux étaient survenus à la suite d'un dîner où ces jeunes gens avaient perdu *la rai-*

Pastureau de Rimbert et de Charray, très riche et très puissante pendant plus de trois siècles, du 14ᵉ siècle au 17ᵉ siècle, dans l'Aunis et dans le Poitou. L'un de ses membres, François Pastureau de Rimbert, fut conseiller du Roi, maire de Poitiers, de juillet 1571 à juillet 1572 ; il reçut le légat du Pape, le cardinal Alexandra ; à cette même époque, si agitée par les guerres religieuses, son frère, Guillaume Pastureau de Charray, déjà maire de Niort en 1550, fut réélu en 1568 ; le fils de celui-ci, Jacques, maire de Niort, en 1588 refusa l'entrée de la ville aux troupes protestantes

1571
1550
1568
1588

son et les acquitta. Alors, dit le féroce Lequinio, représentant du peuple : « *Les juges prendront la place des accusés.* » Cette triste nouvelle parvint le soir au Tabarit, de Dompierre-sur-Boutonne, propriété des Fromy ; Madame Fromy part aussitôt à cheval, voyageant toute la nuit avec le fidèle Jean Renou son homme de confiance ; elle arrive à Rochefort à neuf heures du matin ; l'exécution doit avoir lieu à onze heures, vite elle se rend à l'hôtel du Bacha, solliciter l'intervention d'une dame ; elle est évincée ; au moment où elle se retire, désolée et dans les larmes, Lequinio ouvrait l'appartement vis-à-vis ; elle y aperçoit deux pistolets sur la cheminée ; vite, elle se précipite, les prend et dit à Lequinio : « *Tu me donneras la grâce des citoyens Duret, Seignette et Barbeau ou je te brûle la cervelle.* » Lequinio signa aussitôt l'ordre d'élargissement, mais par une réflexion indigne il lui dit : « *Citoyenne, à mon tour, je te demande un service ; j'ai un superbe chien danois qu'on a tenté plusieurs fois de m'empoisonner, je te prie de le garder chez toi.* » Elle l'emmena avec elle, mais au moment où elle arrive en void'Henri IV, qui la prirent et il fut remplacé par Pierre Miget, sieur de Malmouche. La famille Pastureau, divisée aujourd'hui en plusieurs branches, compte de nombreux magistrats, plusieurs maires, dont 2 maires de La Rochelle, 1 délégué au roi Louis XI ; 1 maire de Saint-Jean-d'Angély, 5 maires de Niort, 1 maire de Poitiers *(archives de La Rochelle, de Niort et de Poitiers)* ; elle fournit aussi 3 conseillers au Parlement de Paris : André PASTUREAU, reçu le 16 octobre 1556, François PASTUREAU, reçu en 1585, portant tous les deux les mêmes armes que le maire de Poitiers : *d'azur au chevron d'argent chargé de 7 aiglons de sable et accompagné d'une gerbe de blé d'or posée en pointe*, et Pierre PASTUREAU, reçu le 27 juillet 1623, sans indication d'armoiries. (BLANCHARD, *Les Présidents au Parlement de Paris*, p. 77-102-121).

Jacques-Aristide de la Taste et sa femme eurent trois gar-

---

ture, à la porte de Charente, avec ses trois prisonniers, des officiers de LEQUINIO s'écrièrent : « *Arrêtez la voiture de ces aristocrates qui ont volé le chien de* LÉQUINIO. » La voiture est arrêtée, mais madame Fromy, apercevant des marins s'adresse à eux : « *Eh quoi, leur dit-elle, vous laisseriez mettre en prison la mère de votre camarade embarqué volontaire sur le vaisseau le « Vengeur »*. A ces mots, les marins font repartir pour Saint-Jean d'Angely la voiture dont ils connaissaient le brave conducteur Louis Changeur. (*Revue de la Saintonge*, t. 22.)

Mes chers enfants, quelle belle et vaillante conduite !

çons, dont deux entrèrent à l'École militaire de Saint-Cyr, et l'autre fut contrôleur principal des Contributions directes et percepteur de la ville de Blois (Loir-et-Cher). L'un des officiers de l'École de Saint-Cyr, Alfred, fut, chef de bataillon, professeur à l'École de Tir de Châlons, au moment où se confectionnait notre fusil national du commandant Lebel dont il était l'ami intime ; son savoir en cette matière avait de l'autorité. Sa santé fatiguée par le travail, par le siège de Metz et la captivité à Coblentz (Allemagne) l'obligea à passer de l'armée active dans le recrutement dont il fut commandant pour les départements du Var et des Alpes-Maritimes. Il prit sa retraite avec la croix d'officier de la Légion d'honneur. L'autre, Roméo, fit les campagnes de Crimée, d'Italie et du Mexique ; officier très instruit, plein d'avenir, mis plusieurs fois à l'ordre de l'armée, il tomba glorieusement à l'âge de 33 ans, officier de la Légion d'honneur, capitaine de voltigeurs au 62º de ligne, dans la nuit du 11 au 12 novembre 1866, en défendant Mazatlan (Mexique) contre le général Corona, son fréquent adversaire qui en tenta brusquement l'assaut ;

> « Celui-ci, dit l'*Historique officiel du 62º de ligne*, page 39, rendant un hommage éclatant à la glorieuse mémoire de son redoutable adversaire, le capitaine de la Taste, lui rendit les honneurs militaires et éleva un monument sur sa tombe. »

Toute sa vie s'est inspirée d'une grande pensée : L'avenir de la famille !

Charles-Félix-Aristide, percepteur de la ville de Blois, avait épousé Mademoiselle Cécile Bienvenu, dont l'arrière grand'père, M. le docteur Chapelin, fut, en l'an IV, membre du Conseil des Cinq-Cents pour le département de la Vendée, et le frère, M. Léon Bienvenu, maire et conseiller général de Saint-Hilaire-des-Loges, fut député de la Vendée (arrondissement de Fontenay-le-Comte) de 1876 à 1885 [1]. Aristide de la Taste et sa femme eurent cinq enfants : l'un mourut jeune ; *Cécile* fut mariée à M. Reverdy [2], notaire à Cerizay (Deux-Sèvres) ; *Roméo* mourut élève de l'École polytechnique où il était entré à 19 ans ; tout jeune, 15 ans,

---

[1] La famille Bienvenu est une très ancienne famille de la Vendée surtout dans la contrée de Bressuire d'où elle se répand dans les contrées voisines.

En 1270 on trouve Jeanne BIENVENU, dame d'ANDRÉ d'ABEILLUNS dans un acte de mars 1270 passé par devant Jean, doyen de Bressuire *(Histoire de Mauléon*, par dom FOURNIER-BONNARD, page 77).

En 1516, le 15 décembre, une lettre faisant suite à la bulle apostolique du pape Léon X proclamant dans tout le royaume la Croisade contre les Turcs, donne tous pouvoirs à un membre de la famille, Michel BIENVENU, *chanoine et aumônier de Saint-Hilaire de Poitiers*, d'organiser la Croisade dans le diocèse de Maillezais *(Histoire du canton de Maillezais* (Vendée), par BROCHET).

[2] Famille de la Vendée, très considérée, très éprouvée dans la Révolution de 1793 *(Arch. des Deux-Sèvres et de l'Ouest*, par A. PROUST.

inspiré par le grand devoir que lui léguait la glorieuse mort de son oncle, Roméo, ce cher fils, mon éternel regret, s'était jeté à mon cou en me disant :

« Père, sois tranquille, l'âme de la famille n'est pas morte, je le prouverai ! »

Fût-il sentiments plus nobles, mieux et plus tôt justifiés ? *Alfred*, élève de l'École navale, lieutenant de vaisseau, chevalier de la Légion d'honneur, officier d'état-major, premier aide de camp de l'amiral Caillard, et aujourd'hui de l'amiral Rouvier, est marié à Mademoiselle Blanche Eicher de Rivière, fille de l'ancien directeur des Mines de Firminy ; et *Léon*, le plus jeune, licencié ès-sciences et en droit, diplômé de l'École des sciences politiques, admissible à l'auditorat du Conseil d'État ; il est avocat près la Cour d'Appel de Paris après avoir été dix ans secrétaire de M. Sabattier, avocat près la Cour de cassation et le Conseil d'État. Il est marié à mademoiselle Jeanne Chassaigne, fille du Dr Chassaigne et petite-fille du président Besnard (Tribunal civil de Blois).

La planche des Armes de cette branche et des familles alliées donne pour les :

DE LA TASTE :	De gueules à la croisette d'argent en abîme accompagnée de trois colombes de même, deux en chef, une en pointe (*Études* ECHASSERIAUX *sur la ville de Saintes*, p. 151 ; *Noblesse de Saintonge*, par de LA MORINERIE). De gueules au chevron d'argent accompagné de trois glands d'or (*Dictionnaire héraldique de* Charles GRANDMAISON, 1852, aux mots *La Taste, Saintonge, Guyenne et Gascogne*, extrait publié par l'abbé MIGNE).
D'ANDRÉ :	D'or au sautoir de gueules.
MARQUIS DE CUMONT :	D'azur à la croix pattée et alaisée d'argent.
DE MONTALEMBERT DE CERS :	D'argent à la croix ancrée de sable.
D'ANGIBAUD :	De sinople à la croix d'or.
MARQUIS DE BRÉMOND D'ARS :	D'azur à l'aigle éployée d'or au vol abaissé, langué de gueules. Devise : *Nobilitas est virtus*.
DE GREFFIN DE RIVERY :	D'azur au chevron d'or accompagné de 3 étoiles de même ; au chef aussi d'or chargé d'une branche de chêne de sinople.
DE BRETINAULD DE MÉRÉ :	De sable à 3 hures de sanglier d'argent posées deux et une.
BIDÉ DE MAURVILLE DE LANGLE :	D'argent au lion de sable armé et lampassé de gueules, accompagné en chef d'un croissant d'azur à dextre et à senestre d'une étoile de gueules et d'une étoile de même en pointe.
BRELAY DE TERRENEUVE :	De sable à un trèfle d'or accosté de deux roses d'argent.

BERTHUS DE L'ANGLADE :	D'argent à l'arbre de sinople sommé d'un pigeon d'azur et accompagné en pointe d'un levrier passant devant le pied de l'arbre.
DE MOTTE :	De sable au lion d'or posant sa patte senestre sur une motte d'argent. Surmonté de 3 étoiles d'or.
DE SALIGNAC DE PÉGUIRAUT :	Parti au 1er de gueules à un chevron d'or accompagné en chef de deux roses à dextre l'une sur l'autre de même et d'une colombe d'argent à senestre, au 2e d'argent au cordon de sinople tige et feuille de même posé en barre, coupé d'azur et de trois pals d'or.
PASTUREAU DE CHARRAY :	De sinople à trois béliers d'or paissant.
COMTE DE SAINT-GERMAIN :	Ecartelé : au 1er de gueules à la croix d'or ; au 2e d'azur à deux bars d'argent adossés et de quatre croisettes de même ; au 3e de sable au chevron d'or accompagnée de trois étoiles d'argent posées deux et une ; au 4e d'azur à une fasce d'argent accompagné de trois étoiles d'argent posées une et deux. Ecu sur le tout d'or à la face de gueules. Devise : *Deo Eclesiæ fidelis, Regi que obediens*.
PASTUREAU DE RIMBERT :	D'azur au chevron d'argent chargé de sept aigles de sable éployées, deux gerbes de blé d'or en chef et un mouton en pointe. Sont gravées également sur une porte, rue Saint-Paul, à Poitiers.

RÉSUMÉ

Les documents historiques à l'appui de cette généalogie établissent que la famille de la Taste, dont le nom originel et traditionnel ne fut jamais précédé ni suivi d'aucun autre nom, est originaire de la Guyenne, département de la Gironde, maison de Baurech, prévôté royale entre deux mers, canton de Craon, à laquelle elle donna son nom de La Taste ;

Que ses ancêtres, les plus anciens connus, furent Mossen le chevaler Guilfa Ramon de Las Tastas, seigneur de Baurech et Galhard de La Taste, esquier, qui, tous les deux, le neuvième de juillet 1363, sous les n°s 37 et 52 du procès-verbal rédigé par de Maderan, *notarie publik*, rendirent hommage, dans l'église cathédrale de Saint-André de Bordeaux, au Prince Noir, prince d'Aquitaine et de Galles, avec 58 gentilhommes, barons, chevaliers, esquiers de la Guyenne ;

Que cette famille [1] se divisa en plusieurs branches dont les principales se répandirent *dans le Bordelais, dans le Vermandois, l'Armagnac, le Languedoc et la Saintonge :*

Ces documents établissent que soit en lignée du nom, soit par liens d'alliances, les descendants de la maison de Baurech eurent :

---

[1] Les de la Taste figurent en 1594 à un ban de la noblesse à Bordeaux.

Dans le Bordelais, de hautes positions de jurats, de conseillers au Parlement ; des religieuses fondatrices de communautés ; un évêque de Béthléem, visiteur général de tout l'ordre, en France, des dames Carmélites de Saint-Denis, de Paris ;

Dans le Vermandois, les positions de gouverneurs de Mézières, de Reims, de la Champagne, avec des parents à la cour du roi Louis XIII ;

Dans l'Armagnac, les de la Taste eurent un maire à Lectoure, plusieurs officiers dans la cavalerie, dans les grenadiers du roi, un maréchal de camp, lieutenant aide-major des gardes du corps à la cour de Louis XIV, avec de grandes alliances dans le Périgord, dans l'Armagnac, dans la Vendée et dans l'Anjou avec baronnie.

Dans la Saintonge, la famille eut des positions très honorables parmi lesquelles la présidence de l'élection en chef de Saintes, plusieurs officiers, des parents ou ascendants par alliances fournissant un maire à la ville de Saintes, trois conseillers au Parlement de Paris, des maires à la ville de la Rochelle, un délégué de cette ville auprès du roi Louis XI, des maires aux villes de Saint-Jean-d'Angély, de Niort et de Poitiers. Cette branche de Saintonge eut des parentés et des alliances avec les familles Bienvenu, Le Vallois, général Susane, baron Hulot, Fromy, Audouin-Dubreuil, d'Angibaud, de Brémond d'Ars, Berthus de l'Anglade, Bidé de Maurville, de Montalembert de Cers, de Cumont [1], de Bretinauld de Méré, de Saint-Germain, Allaire de Lépinay.

Diverses archives contiennent aussi des preuves très sérieuses de la très honorable parenté lointaine de la famille de la Taste avec le grand philosophe moraliste du XVI° siècles, Michel Eyquem de Montaigne, car, le travail déposé en 1873 par M. Malvezin à l'Académie de Bordeaux, et l'antique mariage (1356) de dona Contor de la Tasta avec Pey Ayquem, jurat de la ville de Bordeaux en 1358 en permettent une bien légitime croyance.

Le passé, on le voit, résumé par ces documents historiques, est un passé fait d'honneur, de travail, quelquefois d'héroïsme, toujours d'aspirations élevées :

Il lègue aux descendants de la maison de Beaureeh un drapeau sur lequel le capitaine Roméo de la TASTE a noblement inscrit à Mazatlan la devise : *Pro familia virtus, ad alta* : elle sera pour la France, dans la famille, la devise sacrée des hommes utiles !

Blois, le 30 mai 1902.

de la TASTE.

---

[1] Très ancienne famille dont un membre, Patrice de Cumont, maire de Saint-Jean-d'Angély, mourut glorieusement, le 19 septembre 1372, en défendant la ville contre les Anglais.

TABLE SOMMAIRE DES MATIÈRES

	Pages.
Adam Jeanne, dame de la Taste................................	49
Andigné (François d')..	36-37
Barciet de Bezodis...	32
Beauchêne (la chapelle de), plaque de marbre................	39
Beaurech, maison noble de la Taste...........................	12
Bienvenu (les) en Vendée.....................................	57-58
Branches de la famille de la Taste :	
Armagnac...	30
Planche des Armes.................................	44
Saintonge..	45
Planche des armes.................................	59
Vermandois...	23
Planche des armes.................................	27
Bremond d'Ars (de)..	50-51
Calhau (Pierre et Arnaud)....................................	42-43
Chapelin (le docteur), député de la Vendée...................	57
Chaumont (baron de)...	25
Coucy (de)..	26
Cumont (marquis de)...	52-63

	Pages.
Eyquem de Montaigne (Michel)............................	8
Sa généalogie	9-10
Fabry (de)...	31
Fromy (les), officier à la bataille de Jarnac ; membre de l'Académie des sciences à Berlin ; à bord du vaisseau Le Vengeur ; dame Fromy, en 1793, obtenant la grâce de trois condamnés	52-53
Gillis Célestin	54
Grandpré (comte de).......................................	24
Granges de Surgères (de).................................	39
Greffin (de)...	26
Joyeuse (Antoine de)......................................	24
Lambert (Catherine de)....................................	39
La Touche-Limouzinière (Marie-Madeleine de).........	37
Laurencie (de la)	39
Lectoure	36
Lescures (marquis de).....................................	37
Le Clerc de la Ferrière	38
Montalembert de Cers (de)................................	54
Maurian (Jehanne de)......................................	14-15
Melet (de)	18
Montdieu (Chartreuse du).................................	24
Mossion de la Gontrie.....................................	47-48
Pascal Jean...	18
Pastureau (les), maires des villes de l'Aunis et du Poitou, membres du Parlement de Paris	53-54-55
Pompadour (dame du vicomte de).......................	34
Raoul (de)..	15
Reverdy...	57
Rochejacquelin (de la).....................................	38
Saint-Gery de Magnas.....................................	33-34
Salignac (de)...	15

	Pages.
Sudria (de)	33
Saint-Nicolas de Blois	25
Sy (église de)	24
Tamizey de Larroque	48
Tasta (Contor de la), dame Pey Ayquem	9-63
Tastas (Ramon de)	20
Tastas (Ramon-Guilfa de Las), chevalier	11-19
Tastes (Géraut de), chevalier	19-20
Taste (château de)	19
Taste (Etienne de la), garde du corps à la cour de Louis XIV, maréchal de camp, ses états de services	35
Taste (dom Bernard de la), évêque de Bethléem	14-17
Taste (Gilles de la), jurat de Bordeaux	16
Henri, conseiller au Parlement et jurat	14
Josué	36-37
Jehanne, religieuse à Gondrin (Gers)	17
Alfred, Aristide	56-57
Léon, Roméo	63
Tusseau (de)	38
Vezins (de)	36-37
Viault, marquis du Breuillac	38
Vieuville (marquis de la)	25

Grande Imprimerie de Blois, 2, rue Haute. X 4257

www.ingramcontent.com/pod-product-compliance
Lightning Source LLC
LaVergne TN
LVHW021722080426
835510LV00010B/1096